送給

U0942481

神奇大樓之

虹孩

文：黃慶雲

圖：王曉明

兒童書系

神奇大樓之彩虹孩子

作者
黃慶雲

主編
小麥子

責任編輯
張小鳴

插圖
王曉明

美術監督
蔡桂球

美術設計
伍愛清

出版／發行
基道文字事工
香港沙田火炭坳背灣街 26 號
富騰工業中心 1011 室
Logos Publishers
Unit 1011 Fo Tan Ind. Centre, 26 Au Pui Wan St., Fo Tan,
Shatin, Hong Kong
電話:2687-0331 傳真:2687-0281
網址：http://www.logoslink.org.hk

版次
1998 年 4 月第 1 版

ISBN 962-457-136-8

本書由香港藝術發展局資助，本書所表達之意見或觀點及其所有內容，均未經香港藝術發展局作技術認可或證明確實無誤，亦並不一定代表香港藝術發展局之立場。

出版緣起

有一陣，常有學童自殺的事件出現，身為家長的我們，難免驚惶困惑。我禁不住問十多歲的大兒子：「小朋友為甚麼要自殺? 」他也是一個小孩子，問他自然是恰當的。他想了一下說：「不大清楚。」然後，大概見我一副迷惘的神情，便安慰我說：「我是不會自殺的。」接著，他說：「大概是科技物質愈豐富，心靈愈空虛吧！」是的，身處在香港或像香港這樣的現代大都會，物質科技的供應與教育層出不窮，相反，關於心靈的培育卻是貧乏的。

我不禁想起十九世紀末舊俄大文豪托爾斯泰說過的一段話：「將來的

藝術家一定會明白：為小朋友創作一則優美的故事、一首好歌，或是編寫人人能懂的傳奇、謎語和笑話，可能比創作長篇小説和交響樂更重要……」

我並不是甚麼藝術家，只是一個兩個孩子的母親，由於對孩子的愛，我十分明白托爾斯泰的話，因此，當思想基道文字事工這一系列叢書時，不免渴望在其中開設一塊培植澆灌心靈的園地——那就是各色各樣的兒童文藝創作，無論是詩歌、故事、笑話、傳奇……好讓幼弱的心靈從小得到滋潤而成長得壯大，豐盛多彩。話雖如此，但是好作者是難求的，尤其是藝術出眾而又肯為小朋友效力的好作者。

因此，在得著雲姐姐(黃慶雲女士)這一本活潑可愛而又切合現代生活的童話詩時，那喜悅的心情是無法形容的，不因為滿足了多年來為雲姐姐編一本書的心願，而是，我們的確可以有一本為小朋友創作的童詩集；不因為這是一本為小朋友創作的童話詩，而是這的而且確是出於一位一生全力為小朋友奉獻的兒童文學家的年青而可愛的心的作品。

此外，更要感謝中國出色的插圖家王曉明先生為我們繪畫每一幅精巧美麗的彩圖，還有感謝香港藝術發展局撥款支持這書的出版。

小麥子

作者的話

孩子最早接觸的文學是詩歌——從媽媽口中唱出的搖籃曲。

孩子最愛聽的是童話和神奇的故事：貓咪、小狗會說話，大人、孩子會飛天遁地。

孩子的眼睛最能欣賞美麗的東西，孩子最早的書就是圖畫書，圖畫給他們留下美麗的印象，也喚起美麗的聯想。

孩子漸漸長大了，詩的環境、童話的幻想也跟著童年的消失而逐漸褪色了。

我願意為孩子們留住那詩情畫意的樂園，把故事溶進詩歌裏，用童話的翅膀使幻想飛得更高，看到的世界更寬廣，更可愛。

同時，也藉著美麗的圖畫，把我們的童話裝成可讀的玩具。

現在，我把這可讀的玩具擺在小讀者的眼前，希望大家讀不厭，玩不厭！

神奇大樓是個小世界，

住著各種膚色的小孩。

黑眼珠對著藍眼睛笑，

白色小手把黃色小手拉。

早晨見了面，

都說：「**Hi！ Hi！**」

晚上回家又說：

「**Bye， Bye！**」

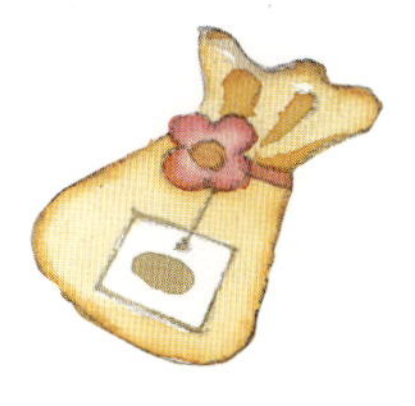

瑪利是英國小姑娘，

臉兒白得像月亮，

小波是中國的孩子，

皮膚像初升的太陽。

瑪利說：

「我們要開個聯歡會。」

小波說：

「大家表演大家看！」

すもう
すもう

小波拜訪那日本小朋友，

他的名字叫肥圓小茂，

他一手拿著壽司，

一手拿著熱狗。

他拍拍肚子說：

「我要吃得像個大皮球，

我要在會上表演相撲，

可惜找不到對手！」

印度小阿里，

他要耍把戲，

表演降龍伏虎的神威，

表演輕歌妙舞的絕技。

瑪利問他把戲的名字，

他說：

「神祕很神祕，

不能告訴你！」

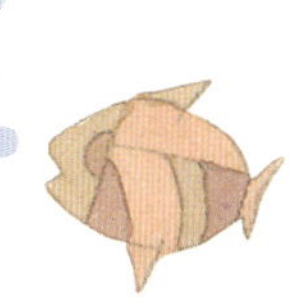

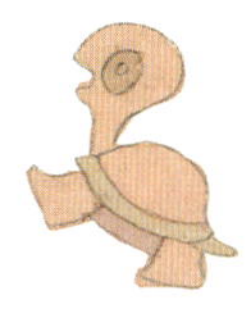

瑪利來到紫荊樹下，

印度姑娘曼娜哭哇哇。

她說：

「阿里哥哥不許我跳舞，

要我把蛇捉給他。

捉蛇我怕怕，

請你快來想辦法！」

聯歡會就在小波家裏，

會場好像一個大花園。

荷蘭鬱金香舉著紅杯子，

新加坡蘭花吐出藍火燄，

中國牡丹好像對人笑。

春天是孩子的天！

孩子聯歡，

花兒也聯歡！

第一個節目是相撲：

大頭佛對小胖子，

小胖子小茂肚皮漲卜卜，

大頭佛滿臉春風笑瞇瞇。

一個胖得可愛，

一個肥得出奇，

引來了

台下掌聲四起。

小茂，你吃了甚麼？
胖得像個大皮球？
你這不露面的大頭佛，
住在哪一號，哪層樓？
人們還沒有弄清楚，
台上已進入緊張的決鬥，
你的手扣著我的臂，
我的頭頂著你的頭。

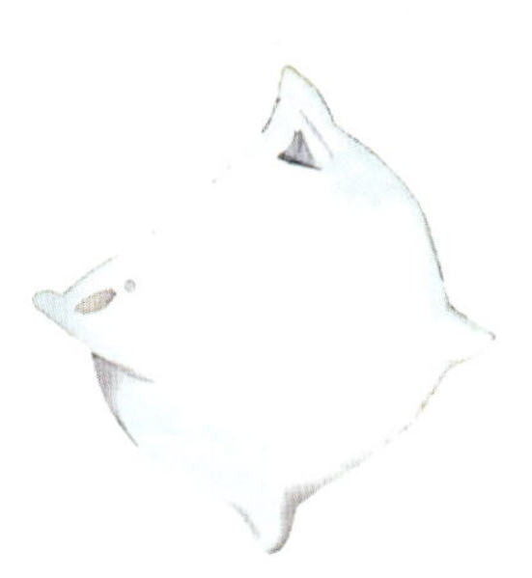

噬！小茂的衣服扯開了，

原來肚裏塞著一個大枕頭，

啪！大頭佛的面具飛走了，

露出了小波的頭。

誰也推不倒誰，

跌一交就翻一次筋斗，

評判評出雙冠軍，

兩個都是相撲的高手。

第二個節目是弄蛇，

表演的人是阿里，

他頭上扎著紅布包，

手上拿著小笛子，

引來了一條長花蛇，

彩色的袍子十分美麗，

牠跟著笛聲翩翩起舞，

好像把鮮花撒滿大地。

觀眾說笛聲真精彩，

觀眾說花蛇太可愛，

蛇是誰扮的呢？

你也猜猜，我也猜猜

阿里微笑了：

「她是我的妹妹曼娜，

我馬上把她請出來！

觀眾向台上擲鮮花，

叫著：「曼娜快出來啦！」

蛇輕輕褪下了花袍子，

出來的是瑪利不是曼娜。

她說：「我的舞是曼娜教的，

她才是真正的舞蹈家。

大家要看印度舞，

就請看看她！」

曼娜搖曳著輕盈的莎麗，

走到舞台的中央，

她美妙地擺動小指頭，

指尖兒也會把話講，

她踏出的每一腳步，

都彷彿走在雲彩上。

她腳上的鈴鐺響叮噹，

觀眾的掌聲也噼啪響。

第四個節目是辮子舞，

韓國孩子盛裝登了場，

頭上戴著華麗的帽子，

一條辮子冒出在帽子上。

他跟著音樂把頭搖，

頭一搖辮子就往上長。

孩子轉得像陀螺，

辮子像向周圍發射的標槍。

一條辮子跳舞夠希奇，

許多辮子齊舞更有趣。

新疆姑娘的辮子多，

好像節日煙花滿天飛。

「會跳舞的姑娘，

請問你今年幾歲？」

「數一數我的辮子，

就知道我的年紀。」

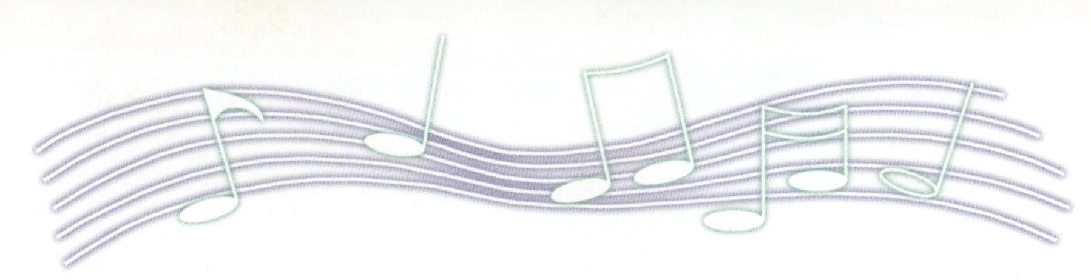

美妙的舞引來了好聽的音樂，

菲律賓孩子奏起了結他。

美國孩子彈起了鋼琴，

中國孩子彈起了琵琶，

小搖鼓、大喇叭、

長管、提琴、東不拉，

共同奏著一首歌：

全世界孩子是一家。

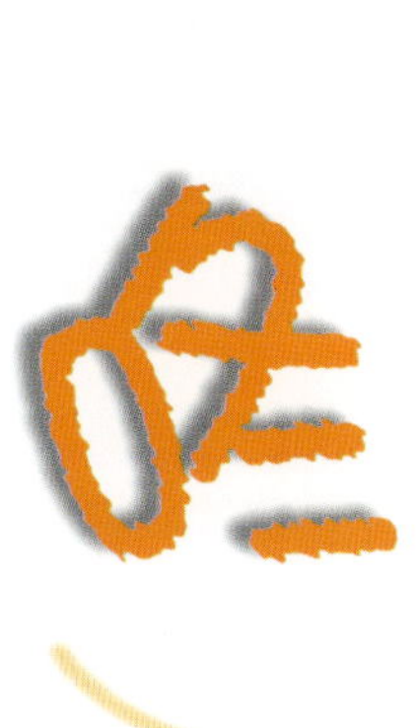

忽然咚的一聲，

大家停止奏樂走過來。

打鼓的孩子自我介紹，

我的名字叫與花齊開。

印第安民族愛説故事，

名字就像故事般可愛。

我就説一個故事吧。

聽聽，這故事多精彩！

花為世界添顏色，

花叫大地美如畫。

神仙喜看花兒開，

不忍讓它落在地下。

他叫所有的殘花飛上天，

變成彩虹天上掛。

它在地下凋殘了，

又在天上開了花。

印第安的傳說太美了，

引起了孩子們的幻想。

彷彿彩虹就出現在眼前，

彷彿千萬朵花飄在天空上。

彷彿自己是天上的星星，

躲在雲裏向彩虹張望。

瑪利說：「也許彩虹就在外面，

讓我們到外面看看！」

孩子們跑到海邊望天空，
天空像海水那麼澄清。
只有小小的浮雲，
頑皮地在那裏游泳。
孩子們低頭看大海，
海水忽然泛起了萬紫千紅，
分不出是誰的身影，
分不出是誰的臉容。
他們高呼著：
「我們看到了，
這就是永不凋謝的花朵，
永不消失的彩虹！」

……完……

神奇大樓之夜裏誰在叫？

文：黃慶雲

圖：王曉明

大 30 開 64 頁

神奇大樓之**彩虹孩子**

文：黃慶雲

圖：王曉明

大 30 開 64 頁

馬虎兄弟

文：小麥子

圖：小馬、小虎

大 30 開 80 頁

文：張雅燕

圖：一羣想像力豐富的小朋友

大 30 開 128 頁

初小語文系列

(小一家長伴讀，小二獨立閱讀)

① 啟啟上小學

(附家長指引)

文：胡燕青

圖：王曉明

大 30 開 64 頁

② 啟啟的腳趾有話說

（附家長指引）

文：胡燕青

圖：王曉明

大 30 開 64 頁

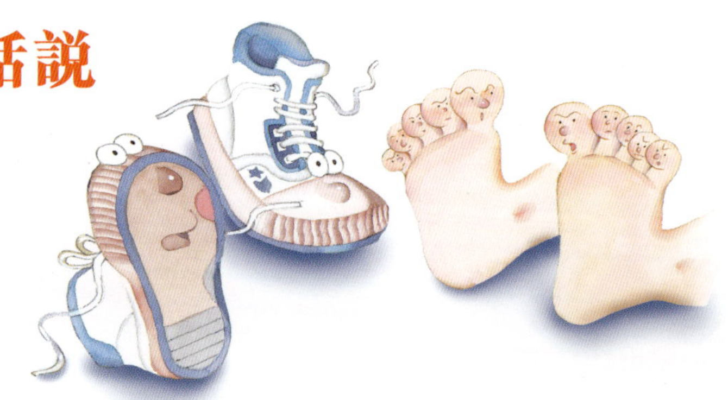

③ 啟啟怕不怕考試？

（附家長指引）

文：胡燕青

圖：王曉明

大 30 開 48 頁

④ 你就是二年級的啟啟嗎？

（附家長指引）

文：胡燕青

圖：王曉明

大30開

九八年七月出版

成長智多 FUN

文：羅乃萱

圖：鄧美心

大 30 開 64 頁